NOTES ET DOCUMENTS

POUR SERVIR A

L'HISTOIRE DES JUIFS DES BALÉARES

SOUS LA DOMINATION ARAGONAISE

DU XIIIe AU XVe SIÈCLE

PAR

Alfred MOREL-FATIO

Extrait de la *Revue des Études juives.* — Tome IV.

PARIS
A LA SOCIÉTÉ DES ÉTUDES JUIVES
17, RUE SAINT-GEORGES
—
1882

NOTES ET DOCUMENTS

POUR SERVIR A

L'HISTOIRE DES JUIFS DES BALÉARES

SOUS LA DOMINATION ARAGONAISE

DU XIIIe AU XVe SIÈCLE

PAR

Alfred MOREL-FATIO

Extrait de la *Revue des Études juives*. — Tome IV.

PARIS

A LA SOCIÉTÉ DES ÉTUDES JUIVES

17, RUE SAINT-GEORGES

1882

NOTES ET DOCUMENTS

POUR SERVIR A L'HISTOIRE DES JUIFS DES BALÉARES
SOUS LA DOMINATION ARAGONAISE

DU XIIIe AU XVe SIÈCLE

L'histoire des Juifs des Baléares sous la domination aragonaise commence avec la conquête de Majorque par Jacme Ier d'Aragon (1229) et se termine en 1435, date de la conversion forcée de tous les Juifs de cette dernière île. A partir de cette époque il n'y a plus, à proprement parler, de Juifs aux Baléares ; toutefois les nouveaux convertis, comme on les nomme, ne sont pas mis, par le fait du baptême qu'ils ont dû subir, sur un pied de parfaite égalité avec les habitants chrétiens des îles, ils continuent à former, surtout à Majorque, sinon une classe, tout au moins un groupe à part, très surveillé par l'Inquisition, qui châtiait sévèrement le moindre retour aux pratiques du culte aboli, et vu de mauvais œil par les autres insulaires.

Les anciens annalistes du royaume de Majorque, D. Juan Dameto et D. Vicente Mut, n'ont touché que très incidemment à l'histoire des Juifs de leur pays ; le pillage de la juiverie de Palma et le massacre d'un certain nombre de ses habitants en 1391, la conversion générale de l'année 1435, sont à peu près les seuls épisodes auxquels ils aient cru devoir consacrer quelques pages. Jusqu'à D. Jaime Villanueva, qui visita en 1814 les archives et les bibliothèques de Majorque et de Minorque, il ne semble pas qu'aucun érudit insulaire ou étranger ait cherché à combler les lacunes des historiens du XVIIe siècle. Le savant dominicain de Valence prit le bon parti ; il fouilla consciencieusement tous les dépôts de manuscrits qui lui furent ouverts et s'appliqua à réunir une collection de constitutions, ordonnances, privilèges ou autres documents relatifs aux Juifs des Baléares, à leurs droits politiques, à leur condition sociale et à leurs relations avec la population chrétienne ; les résultats de ses recherches sont consignés dans les tomes XXI et XXII du *Viage literario á las iglesias de España*, publiés en 1851 et 1852 seulement, sous les auspices de l'Académie de l'Histoire de Madrid. Bien qu'il soit loin, sans doute, d'avoir épuisé la matière [1], Villanueva a fait plus qu'ouvrir la voie : les nombreux documents qu'il a tirés des archives de Majorque et mis au jour seront toujours considérés comme la base la plus solide des travaux à entreprendre sur le sujet qui nous occupe. L'érudition locale n'a jusqu'ici ajouté que peu de chose aux recherches si bien conduites par Villanueva : l'*Historia de Soller en sus relaciones con la general de Mallorca* [2], par D. José Rullan, me semble être le seul ouvrage imprimé depuis le *Viage literario* où aient été réunis quelques renseignements nouveaux sur les Juifs de la grande Baléare. Il serait inutile d'en chercher dans la volumineuse *Historia social, politica y religiosa de los Judios de España y Portugal*, par D. José Amador de los Rios, qui n'a même pas su tirer parti des recherches de Villanueva, et n'a fait, dans les quelques pages de son livre [3] consacrées aux Juifs de Majorque, que résumer un article d'un ancien répertoire de jurisprudence [4]. Je n'ai rien trouvé non plus dans le premier volume des *Instituciones juridicas del pueblo de Israel en los diferentes estados de la peninsula ibérica* [5], par D. Francisco Fernandez y Gonzalez.

Pour préparer le terrain à de nouvelles investigations et faciliter la tâche de ceux qui voudraient entreprendre l'étude de la question dans son ensemble, je crois utile, avant de faire connaître les documents inédits que j'ai eu la bonne fortune de découvrir, de donner ici un catalogue détaillé des pièces diplomatiques et notices historiques que renferment les ouvrages qui viennent d'être mentionnés.

N° 1. — Ann. 1247 (11 juin). — Charte de Jacme Ier d'Aragon, donnée à Valence, le 11 juin 1247. Le roi accorde sa protection à quel-

---

[1] Il resterait, par exemple, à achever la transcription d'un manuscrit très important de la bibliothèque des marquis de Campofranco à Palma, dont Villanueva n'a pu copier qu'un « petit nombre de documents ». Voir le *Viage literario*, t. XXII, p. 233 et 250.

[2] Palma, 1877-1878, 2 vol. in-4°.

[3] Tome II, p. 293-295. (Madrid 1876).

[4] Le *Sumari dels privilegis y franqueses del regne de Mallorca*, d'Antonio Moll (Los Rios écrit *Mallol*). Je ne connais pas cet ouvrage, mais, à en juger par les extraits d'Amador de los Rios, l'article *Juheus* dudit répertoire doit être fort incomplet.

[5] Madrid, 1881, in-8°.

ques Juifs du Maroc et en général à tous les Juifs, d'où qu'ils viennent, qui voudront s'établir dans ses domaines de Majorque, Barcelone ou Valence, et défend à ses sujets de les molester ou de leur faire tort en quoi que ce soit, sous peine d'une amende de mille sous d'or.

(Publ. par Villanueva, *Viage literario*, t. XXII, p. 327; cf. *ibid.*, p. 250).

N° 2. — Ann. 1249 (6 juillet). — Article additionnel aux Franchises de Majorque (Valence, 6 juillet 1249), qui fixe le taux de l'intérêt qu'il est interdit aux Juifs de dépasser, c'est-à-dire « quatre deniers par livre de deniers, au mois », et l'article ajoute : « ainsi que cela est plus amplement déclaré dans la charte ou les chartes données par nous sur les usures et contrats usuraires faits ou à faire entre chrétiens et Juifs. »

(Publ. par Villanueva, *Viage literario*, t. XXII, p. 301).

N° 3. — Ann. 1250 (10 mai). — Charte de Jacme Ier, donnée à Morella, le 10 mai 1250. Le roi confirme un privilège d'habitation accordé aux Juifs que nous ne connaissons pas; il leur restitue la place qui est devant le palais royal de Majorque [1], *ut habeatis eam de cetero vos et vestri, sicut in ipso privilegio continetur*. En matière civile et criminelle un chrétien ne sera admis à faire la preuve contre un Juif que s'il se fait assister d'un Juif et d'un chrétien. Si quelqu'un prétend que des gages détenus par un Juif lui ont été volés, et si, d'autre part, le Juif jure qu'il en ignorait la provenance, ce dernier ne pourra être tenu de les rendre au propriétaire que si on lui paie auparavant le capital et les intérêts. Il est permis aux Juifs de régler entre eux leurs différends et leurs querelles; ils n'auront recours à l'autorité royale que pour des délits graves. Les chrétiens qui auront obtenu des atermoiements pour le payement de leurs dettes seront tenus d'informer le *baile* de Majorque qu'ils paieront à l'échéance le montant de leurs dettes et les intérêts, etc.

(Publ. par Villanueva, *Viage literario*, t. XXII, p. 301).

N° 4. — Ann. 1251 (20 août). — Article additionnel aux Franchises de Majorque (Lérida, 20 août 1251). Le taux de l'intérêt que pourront prendre chrétiens, Juifs et Sarrasins ne devra pas dépasser quatre deniers par livre de 20 sous, au mois. Les intérêts ne pourront plus croître lorsqu'ils auront atteint la valeur du capital, et lorsque la somme des intérêts payés sera équivalente au capital, le créancier sera tenu de restituer le contrat du prêt et les gages.

(Publ. par Villanueva, *ibid.*, t. XXII, p. 302).

---

[1] Le nom de *Majorque*, en catalan *Mallorca*, a été appliqué pendant longtemps à la fois à l'île et à sa capitale. Ce n'est guère qu'à la fin du XVIIe siècle que s'introduisit l'usage de nommer la capitale *Palma*, en souvenir de la *Palma* des Romains que des antiquaires ont voulu identifier avec la capitale des royaumes arabe et chrétien. La langue administrative n'a pas entièrement renoncé à l'ancien usage : on dit ainsi l'*évêque de Majorque* et non l'*évêque de Palma*.

N° 5. — Ann. 1252 (8 mai). — Charte de Jacme Ier, donnée à Lérida, le 8 mai 1252. Confirmation d'un privilège donné à Valence qui ne nous est pas connu et de la charte de Morella (voir ci-dessus, n° 3). Le roi accorde en outre aux Juifs le droit de se plaindre à lui directement des torts que pourraient leur causer ses agents. Tout Juif de Majorque a le droit de constituer à sa femme une dot en or ou en argent par un acte rédigé en hébreu, lequel acte aura la même valeur que s'il était rédigé en latin par un notaire chrétien. Les Sarrasins de religion juive [1] qui se feront baptiser en tout autre temps qu'à Pâques, la Pentecôte et Noël, devront payer douze *morabetins* au baile du roi. Il est défendu aux chrétiens et aux Sarrasins, sous peine d'une amende de cent *morabetins*, d'extraire des pierres ou de la terre du cimetière juif.

(Publ. par Villanueva, *ibid.*, t. XXII, p. 330).

N° 6. — Ann. 1254 (15 septembre). — Charte de Jacme Ier, donnée à Lérida, le 15 septembre [2] 1254. Le Juif qui ne se conformera pas aux prescriptions de l'autorité royale touchant les prêts et le taux de l'intérêt sera seul responsable et puni, les autres Juifs de la communauté ne seront pas inquiétés. Il ne se fera plus d'inquisition chez les Juifs pour connaître l'état de leur fortune et ils ne seront plus tenus de déclarer leurs prêts. Les débiteurs devront payer leurs dettes aux échéances; on ne leur accordera plus de délais.

(Publ. par Villanueva, *ibid.*, t. XXII, p. 331).

N° 7. — Ann. 1273 (18 août). — Article additionnel aux Franchises de Majorque (Valence, 18 août 1273). Les chrétiens et les Juifs condamnés à la prison ne seront pas détenus ensemble, mais les chrétiens seront enfermés dans une maison et les Juifs dans une autre.

(Publ. par Villanueva, *ibid.*, t. XXII, p. 312).

N° 8. — Ann. 1274 (12 mars). — Article additionnel aux Franchises de Majorque (Lérida, 12 mars 1274). Défense aux Juifs de prêter sur gages à des esclaves, sous peine de perdre le capital et d'avoir à restituer les gages aux maîtres des esclaves.

(Publ. par Villanueva, *ibid.*, t. XXII, p. 314).

N° 9. — Ann. 1276 (12 septembre). — Article additionnel aux Franchises de Majorque (Majorque, 12 septembre 1276). En matière de contrats le chrétien n'est pas tenu de prêter serment au Juif.

(Publ. par Villanueva, *ibid.*, t. XXII, p. 317].

N° 10. — Ann. 1300 (18 mars). — Charte de Jacme II de Majorque,

---

[1] *Item statuimus quod si aliquis Sarracenus vel Sarracena de Judeo vel Judea se fecerit Christianum vel Christianam*, etc. Peut-être faudrait-il traduire : « Si quelque sarrasin ou sarrasine, esclave d'un Juif ou d'une Juive », etc.

[2] Il y a dans le texte *septimo decimo Kalendas octobris* ; or, le 17e jour avant les calendes d'octobre est le jour des ides de septembre ; on s'attendrait donc à trouver dans la charte *idus septembris*. Le premier nombre est probablement erroné.

donnée à Majorque, le 18 mars 1299 (vieux style). Attendu que les Juifs de Majorque qui habitaient dans l'enceinte de l'*almudayna*[1] et dans d'autres lieux de la ville de Majorque ont transféré leurs domiciles dans certains quartiers (*vicos*), nommés *parties du Temple et de Calatrava*[2] (*partita Templi et Calatravae*), où ils ont établi et construit leur juiverie (*callum suum*), et que ce serait leur causer un grave préjudice que de les contraindre à quitter ce lieu et à transporter ailleurs leur juiverie, le roi leur concède à perpétuité ladite juiverie, le lieu où elle se trouve et la synagogue qu'avec l'agrément de l'évêque de Majorque ils ont commencé à y construire. Il veut en outre qu'au cas où ladite juiverie devrait être agrandie, elle puisse s'étendre dans les lieux contigus à celui qu'elle occupe actuellement, du côté de la maison du Temple.

(Publ. par Villanueva, *ibid.*, t. XXII, p. 332).

N° 11. — Ann. 1301 (30 août). — Deux articles des Franchises de Minorque, données à Majorque, le 30 août 1301. 1° Taux de l'intérêt (quatre deniers par livre de 20 sous, au mois); extinction de la dette lorsque la somme des intérêts égale le capital, et restitution des gages. 2° Défense aux Juifs de prêter sur gages à des esclaves, sous peine de perdre le capital prêté.

(Publ. par Villanueva, *ibid.*, t. XXI, p. 214 et 215).

N° 12. — Ann. 1303 (27 juin). — Charte du roi Jacme II (27 juin 1303). Le roi ordonne de donner la sépulture ecclésiastique à certains Juifs faux monnayeurs, qui, au moment d'être pendus, avaient demandé et obtenu le baptême.

(Citée par Villanueva, *ibid.*, t. XXI, p. 160).

N° 13. — Ann. 1305 (4 avril). — Lettre de Jacme II, adressée, de Perpignan, le 4 avril 1305, à son lieutenant royal à Majorque, Dalmacio de Garriga. Le roi invite ce fonctionnaire à se concerter avec l'évêque de Majorque « sur le cas des Juifs et la récente affaire qui a causé du scandale », et à prendre avec lui une décision d'après laquelle aucun clerc ne pourra désormais pénétrer dans la juiverie ni dans les maisons des Juifs « pour exhiber les sacrements en temps de nécessité » (*pro sacramentis talibus exhibendis in tempore necessitatis*), s'il ne se fait accompagner par un agent du lieutenant ou du *baile* de Majorque.

(Publ. par Villanueva, *ibid.*, t. XXI, p. 165).

N° 14. — Ann. 1311 (22 juin). — Charte de Sancho Ier. Le roi ayant

---

[1] *Almudayna* (arabe *el-medina*) était la partie fortifiée et entourée de murs de la ville arabe ; les Juifs y avaient un château ou citadelle, du moins Desclot parle d'un *castell dels Jueus* qui devait se trouver à grande proximité du *castell* dit de l'*Almudayna*. Voir Quadrado, *Historia de la conquista de Mallorca*, Palma, 1850, p. 396.

[2] C'est-à-dire les parts concédées aux ordres du Temple et de Calatrava lors de la répartition générale de l'île après la conquête.

pris connaissance d'une lettre adressée à son père, le feu roi Jacme II, par les Juifs de Majorque, dans laquelle ils lui font part des craintes qu'ils ont ressenties à l'annonce de l'expulsion des Juifs de France, et considérant que le roi son père a donné aux Juifs de son royaume l'assurance qu'ils n'en seraient jamais chassés, déclare qu'il prend sous sa protection et sa garde la communauté des Juifs de Majorque.

(Publ. par Villanueva, *ibid.*, t. XXII, p. 333).

N° 15. — Ann. 1315. — Vers l'année 1315 le roi Sancho confisca les biens des Juifs de Majorque pour des motifs qui ne nous sont pas connus. Les Juifs se rachetèrent moyennant une somme de 95,000 livres de Majorque. Villanueva dit qu'il a vu plusieurs documents sur cette affaire.

(Villanueva, *ibid.*, t. XXI, p. 300, note; cf. Vicente Mut, *Historia general del reino de Mallorca*, éd. de 1841, t. III, p. 384).

N° 16. — Ann. 1323 (7 juillet). — Charte de Sancho Ier (Majorque, 7 juillet 1323). Les Juifs de Majorque considérant qu'après leur « condamnation générale » on leur a confisqué leur synagogue qui a été transformée en une chapelle dédiée à la Sainte-Foi et que cette chapelle est à très grande proximité de leur juiverie, supplient humblement le roi de la faire transférer ailleurs. Le roi accédant à ce vœu décide, après en avoir délibéré avec son conseil et l'évêque Gui de Terrena, que ladite chapelle sera transférée dans un terrain de feu En Cassa, près de la porte du Temple. En outre, les Juifs ayant versé au fisc une somme de 2,000 livres de Majorque, et une autre somme de 300 livres pour aider à la construction de la cathédrale de Majorque, le roi leur accorde les faveurs suivantes : après que la chapelle de Sainte-Foi aura été transférée dans le terrain de feu En Cassa, les Juifs pourront ouvrir au bout du chemin qui conduit à l'ancienne chapelle (*in capite carreriae dictae capellae antiquae*) une porte de la grandeur qu'ils voudront donnant accès dans la juiverie. D'autre part, le roi retient la propriété de l'édifice de l'ancienne chapelle, mais il s'engage à ne jamais y laisser restaurer le culte chrétien et à interdire à ceux qui plus tard pourraient acquérir des droits de propriété sur ladite chapelle de pratiquer dans le mur de l'édifice des ouvertures donnant sur la juiverie.

(Publ. par Villanueva, *Viage literario*, t. XXI, p. 300).

N° 17. — Ann. 1324 (2 janvier). — Charte de Sancho Ier (Perpignan, 2 janvier 1323, vieux style). Sur la demande de l'évêque de Majorque, Gui de Terrena, le roi Sancho décrète que l'ancienne chapelle de Santa-Fé ni son emplacement ne pourront jamais être affectés au culte juif ou payen; qu'au contraire le « lieu de la dite chapelle » abandonnée restera toujours à la disposition, au pouvoir et au service des chrétiens.

(Publ. par Villanueva, *ibid.*, t. XXI, p. 302).

N° 18. — Ann. 1328 (5 mars). — Lettre de Philippe de Majorque, trésorier de Saint-Martin de Tours, oncle et tuteur du roi Jacme III, à son lieutenant à Majorque, Arnau de Cardayllac (Perpignan, 5 mars 1327, vieux style). Défense de laisser baptiser à Majorque des enfants juifs de moins de sept ans, en aucun cas, et des Juifs de plus de sept ans, s'ils se refusent à recevoir le baptême.

(Publ. par Villanueva, *ibid.*, t. XXI, p. 303).

N° 19. — Ann. 1347 (10 décembre). — Délai accordé aux habitants de Soller (Majorque) pour le payement de leurs dettes aux Juifs, malgré le privilège obtenu peu de temps auparavant par les Juifs de la communauté de Majorque, aux termes duquel aucun délai ne serait accordé à leurs débiteurs pendant une période de cinq années (Barcelone, 10 décembre 1347).

(Publ. par Rullan, *Historia de Soller*, t. I, append. 15).

N° 20. — Ann. 1373 (1er juin). — Statut de l'évêque de Majorque, Antoine de Galiana, par lequel il prescrit de ne conférer le baptême aux Juifs que trois jours après qu'ils se seront présentés à l'église pour le recevoir, afin de leur laisser le temps d'accomplir l'acte de leur conversion en toute connaissance de cause (Majorque, 1er juin 1373).

(Publ. par Villanueva, *Viage literario*, t. XXII, p. 253).

N° 21. — Ann. 1373 (13 novembre). — Annulation par le gouverneur de Majorque, Olfo de Praxida, d'une décision du *baile* de Soller, suivant laquelle aucun boucher ni autre personne ne pourra vendre de la viande cacher (*carns caxerns*[1]) dans la boucherie publique, contrairement aux privilèges des rois Jacme et Pierre d'Aragon, qui autorisaient les Juifs à abattre des animaux et à vendre leurs viandes dans les boucheries des chrétiens.

(Publ. par Rullan, *Historia de Soller*, t. I, p. 37, note 2).

N° 22. — Ann. 1381 (12 août). — « Lundi, 12 août de l'an de la Nativité 1381, un Juif, nommé Saydo Davidis, fut brûlé pour avoir couché avec une religieuse de Sainte-Claire, qui, pour le même motif, fut aussi mise à mort[2]. »

(Chronique du notaire Salcet, apud Villanueva, *Viage literario*, t. XXI, p. 219).

N° 23. — Ann. 1390 (28 novembre). — Ban du gouverneur de Majorque interdisant aux Juifs de porter des armes prohibées dans l'inté-

---

[1] Le texte porte *taxerns*, mais le *c* et le *t* se confondent souvent dans l'écriture du xive et du xve siècle.
[2] Une ordonnance du roi Jean Ier, publiée à Valence, le 14 avril 1394, prescrit que « si algun dels dits Juheus sera atrobat ab fembra crestiana en loch sospitos per hauer copla carnal ab ella, que sien abdos cremats sens tota merce ». Voir Sunpere y Miguel, *Las costumbres catalanas en tiempo de Juan I*, Barcelone, 1878, p. 279.

rieur de la juiverie et de sortir sans lumière de leurs maisons quatre heures après le coucher du soleil.
(Cité par Rullan, *Historia de Soller*, t. I, p. 419).

N° 24. — Ann. 1391. — Liste de prêts faits par des Juifs aux habitants de Soller pendant le premier semestre de l'année 1391. Les noms de famille juifs qui reviennent le plus souvent dans cette liste sont ceux de Mili, Xulelli, Sagrassa, Mandil, Ben Baracho, Maymo, Faraig, Massana, Sesportes, Natjar, Doscha.
(Publ. par Rullan, *ibid.*, t. I, append. 43).

N° 25. — Ann. 1391 (juillet). — On apprend à Majorque le massacre des Juifs de Castille et de Valence et le pillage de beaucoup de juiveries du continent.
(Chronique de Salcet, apud Villanueva, *Viage literario*, t. XXI, p. 223).

N° 26. — Ann. 1391 (12 juillet). — Ban du gouverneur de Majorque pour assurer la sécurité de la juiverie et faire cesser les disputes et rixes entre Juifs et chrétiens dans l'intérieur ou aux alentours du *call*.
(Cité par Rullan, *Historia de Soller*, t. I, p. 419, note 2).

N° 27. — Ann. 1391 (2 ou 4 août). — Pillage de la juiverie de Majorque (Palma) et massacre d'environ 300 Juifs, hommes et femmes, par les habitants de la *partie foraine* de l'île venus à la capitale pour obtenir d'être déchargés de certains impôts et libérés des dettes contractées par eux envers des Juifs et des convertis[1].
(Chronique de Salcet, apud Villanueva, *Viage literario*, t. XXI, p. 224).

N° 28. — Ann. 1391 (9 août). — Défense aux notaires, sous peine de mort et de confiscation de leurs biens, de détruire les actes concernant les transactions des Juifs, et défense d'en rédiger à nouveau ni d'en recevoir.
(Chronique de Salcet, apud Villanueva, *Viage literario*, t. XXI, p. 224).

N° 29. — Ann. 1391 (30 septembre). — Article 3 des capitulations conclues entre le gouverneur de Majorque et les paysans révoltés : « Toutes les dettes de l'île contractées envers des Juifs ou des convertis et les usures des chrétiens seront amorties en dix échéances, à raison de 2 sous par livre et sans intérêts. Les délégués demandent en outre que tous les actes notariés soient détruits. »
(Publ. par Rullan, *Historia de Soller*, t. I, p. 425).

---

[1] Salcet date du *vendredi, 2 août*, ce pillage et ce massacre ; mais en 1391 le 2 août était un mercredi. Il faut donc, dans le texte du chroniqueur, lire *4 août* au lieu de *2 août*, ou *mercredi* au lieu de *vendredi*.

N° 30. — Ann. 1391 (4 octobre). — Articles 35, 43, 45 et 48 de nouvelles capitulations conclues entre le gouverneur de Majorque et les paysans révoltés. Art. 35. « Le roi pardonnera les offenses, violences et crimes commis jusqu'à cette date dans les diverses attaques dirigées contre le gouverneur, les Juifs et les juiveries, le tout ayant été fait en l'honneur du roi et pour le bien public. » Art. 43. Obligation pour les Juifs d'embrasser sans retard le christianisme. — Art. 45. Révocation des ordres envoyés aux recteurs et aux vicaires à l'effet d'obliger leurs paroissiens à rendre l'argent et les objets mobiliers provenant du pillage des juiveries. — Art. 48. Annulation des dettes contractées envers des Juifs dans les dix dernières années et des usures des chrétiens.

(Publ. par Rullan, *ibid.*, t. I, p. 430).

N° 31. — Ann. 1391 (24 octobre). — Ban du gouverneur de Majorque. Les Juifs convertis doivent déclarer s'ils veulent continuer à vivre dans la juiverie ou louer leurs maisons aux Juifs privés de domicile. Les habitants de Majorque, qui ont en leur possession des portes enlevées à la juiverie, devront les faire remettre au cimetière de Sainte-Eulalie, où on leur paiera le prix du transport.

(Cité par Rullan, *ibid.*, t. I, p. 433).

N° 32. — Ann. 1391 (8 novembre). — Ban du gouverneur de Majorque touchant la réorganisation de la communauté des Juifs de Majorque.

(Cité par Rullan, *ibid.*, t. I, p. 433).

N° 33. — Ann. 1391. — Art. 1er d'un règlement pour le tissage de la laine et la fabrication de draps et de couvertures, promulgué par Francesch Çagarriga, gouverneur de Majorque. La fin de ce premier article est ainsi conçue : « Les convertis à la foi chrétienne du lignage des Juifs sont admis à exercer le métier de tisserand, qui pourra leur être enseigné et montré, bien qu'ils soient du lignage des infidèles. »

(Publ. par Rullan, *ibid.*, t. I, append. 25).

N° 34. — Ann. 1392 (25 mai). — Ordre du gouverneur de Majorque aux Juifs et convertis émigrés d'avoir à se présenter dans l'île, dans le délai d'un mois, pour y établir à nouveau leur résidence.

(Cité par Rullan, *ibid.*, t. I, p. 434).

N° 35. — Ann. 1392 (3 juin). — Ban du gouverneur de Majorque offrant 100 florins à celui qui découvrira l'auteur de quittances falsifiées au détriment des Juifs.

(Cité par Rullan, *ibid.*, t. I, p. 434).

N° 36. — Ann. 1392 (16 juillet). — Pardon général accordé par le roi Joan Ier à tous ceux qui ont participé aux troubles de l'année 1391 et en particulier aux auteurs du pillage de la juiverie et du massacre des Juifs de Majorque. Les lettres de pardon, données à Pedralves (Catalogne), le 16 juillet 1392, ne furent publiées à Majorque que le vendredi 11 octobre de la même année.

(Rullan, *ibid.*, t. I, p. 435. — Chronique de Salcet, apud. Villanueva, *Viage literario*, t. XXI, p. 225).

N° 37. — Ann. 1393 (21 janvier). — Ban du gouverneur de Majorque défendant aux habitants chrétiens de l'île de molester les Juifs, sous peine, pour les chevaliers, d'être condamnés au supplice de l'estrapade, et, pour les autres, d'être pendus.

(Cité par Rullan, *Historia de Soller*, t. I, p. 308, note 2).

N° 38. — Ann. 1413 (20 mars). — Ordonnance de Ferdinand Ier, donnée à Barcelone, le 20 mars 1413, qui détermine à quelles conditions les Juifs de Majorque seront admis à habiter dans l'île et quels rapports ils pourront avoir avec les chrétiens. Cette ordonnance, très importante, tranche, par la sévérité de ses prescriptions et l'accent de haine qui y éclate, sur la législation antérieure, en général assez favorable aux Juifs. Voici l'analyse détaillée de ce document.

Considérant que notre mère la sainte Église a décrété que les Juifs infidèles vivraient séparés des chrétiens pour ne pas les souiller de leur contact, que les inquisiteurs ont constaté qu'à Majorque quelques Juifs cohabitent avec des convertis à la foi catholique et excitent ces convertis à abandonner leur nouvelle religion, et que des femmes du même lieu passent en Afrique, où elles abjurent le christianisme et reviennent aux pratiques judaïques, le roi, pour empêcher le retour de telles abominations, ordonne ce qui suit :

1. Les Juifs de l'île de Majorque et des îles adjacentes habiteront dans chaque ville ou cité un lieu clos de toutes parts et ne communiquant avec l'extérieur que par une seule porte [1], lequel lieu sera choisi par les *jurats* et le procureur royal ; et dans les villes où existe une juiverie, ils seront tenus d'y habiter.

2. Les Juifs ne doivent ni manger ni boire avec les chrétiens hors les cas de force majeure. Les Juifs ne doivent avoir dans leur maison ni écuyers ni serviteurs chrétiens, ni nourrices chrétiennes pour nourrir leurs enfants ; ils ne doivent pas non plus aller dans les maisons des chrétiens pour leur faire honneur à l'occasion de noces ou de funérailles. Il est permis toutefois aux Juifs de louer des chrétiens pour construire leurs maisons, cultiver leurs vignes et leurs champs, mais ces ouvriers ne doivent ni manger ni boire dans les maisons des Juifs [2].

---

[1] Une ordonnance de 1296 applicable au Roussillon, qui faisait alors partie du royaume de Majorque, prescrit également que la juiverie (il s'agit de la juiverie de Perpignan) ne doit avoir qu'une seule entrée ; voir Alart, *Documents sur la langue catalane des anciens comtes de Roussillon et de Cerdagne.* Paris, Maisonneuve, 1881, p. 115.

[2] Les mêmes prescriptions à peu près se trouvent dans les ordonnances du Rous-

3. Défense aux Juifs de porter des armes telles qu'épées, dagues, poignards, etc., mais ils pourront porter des couteaux et des canifs pour couper le pain et la viande.

4. Comme il est connu que le Talmud prescrit aux Juifs de réciter chaque jour une prière contre les chrétiens, les églises et les fidèles défunts, dorénavant il sera interdit aux Juifs de dire cette prière, qu'ils devront en outre faire disparaître de leur Talmud ou de tout autre livre où elle pourrait se trouver écrite.

5. Défense aux femmes chrétiennes, de quelque condition qu'elles soient, mariées, non mariées ou femmes publiques, d'entrer de jour ou de nuit dans les juiveries ou dans les quartiers réservés aux Juifs.

6. Les Juifs qui voudront se faire baptiser ne devront être détournés de leur intention par qui que ce soit, chrétien ou Juif, mari ou femme, père ou mère, frère ou sœur, etc.

7. Il est défendu aux Juifs de prendre le titre de *Don*.

8. Pour que les Juifs puissent être dorénavant facilement reconnus et distingués des chrétiens, il leur est enjoint de porter à leur chaperon un capuchon long d'une palme, fait en forme d'entonnoir ou de corne et cousu jusqu'à la pointe. Lesdits Juifs ne pourront pas porter de manteaux, mais ils revêtiront par-dessus leurs habits de longues robes (*gramalles*), où seront fixées à la partie extérieure les insignes qu'ils ont coutume de porter[1]. Lorsqu'ils voyageront les Juifs ne seront pas tenus de revêtir ce costume, afin d'éviter les ennuis que cet accoutrement spécial pourrait leur attirer.

9. Il est défendu aux Juifs de vendre aux chrétiens des objets d'alimentation, excepté les produits de leurs jardins ou de leurs champs, qu'ils pourront vendre aux Juifs et aux chrétiens dans leurs quartiers ou leurs propriétés, dans les foires et les marchés où ils seront autorisés à avoir des boutiques, à la condition qu'ils n'y couchent point. Il est en outre permis aux Juifs de vendre toutes sortes d'autres marchandises.

10. Les Juifs ne peuvent remplir les charges de percepteur d'impôts, de vérificateur des poids et mesures, de procureur, etc.

11. Défense aux Juifs de faire de la propagande et d'attirer des étrangers à leur secte.

12. Défense aux Juifs d'assister les chrétiens dans leurs maladies, de leur apporter des remèdes, de se baigner dans le même bain qu'eux, de leur envoyer des présents de pâtisseries, épices et autres victuailles ou boissons.

13. Défense aux Juifs, hommes et femmes, de porter des étoffes

---

sillon de l'année 1296; l'une porte qu'il est défendu de « faire la cour à la jeune Juive ou à la Juive qui vient d'accoucher » Alart, *Documents*, etc., p. 116.

[1] Ces insignes, d'après une ordonnance promulguée à Valence le 14 avril 1393, étaient une roue jaune ou rouge (*roda groga o vermella*), qui se portait sur la poitrine (*en los pits*). Voir Saupere y Miquel, *Las costumbres catalanas en tiempo de Juan I*, Barcelone, 1878, p. 280, note 1.

**

d'écarlate et autres étoffes précieuses ainsi que des manteaux garnis de soie ou de fourrures; défense aux Juives de porter des ornements d'or dans leurs voiles et toques.

14. Défense aux Juifs d'exercer le métier de barbier ni de coudre des vêtements de femmes chrétiennes.

15. Il est prescrit aux officiers royaux d'interdire aux Juives converties de passer en Afrique pour y abjurer et de laisser revenir à Majorque les enfants de ces femmes.

(Publ. par Villanueva, *Viage literario*, t. XXI, p. 258).

N° 39. — Ann. 1435. — Conversion générale des Juifs de Majorque. Sur les causes de cette conversion je ne connais que le récit de l'historien Mut, qui ne renvoie à aucun document contemporain de l'événement.

(Voir Mut, *Historia general del reino de Mallorca*, éd. de 1841, t. III, p. 384 et suiv.)

Incontestablement les documents qui viennent d'être analysés jettent un grand jour sur certains côtés de l'histoire des Juifs aux Baléares depuis la conquête aragonaise, en particulier sur les tragiques événements de l'année 1391, mais il manque encore bien des anneaux à la chaîne. Un des points de cette histoire qu'il serait le plus intéressant d'éclaircir est cette « condamnation générale » de l'an 1315, au sujet de laquelle ni les anciens historiens de l'île ni la collection diplomatique de Villanueva ne nous renseignent. J'ai trouvé dans le deuxième registre de la *procuration royale* de Majorque, intitulé *Liber literarum regiarum officii regie procurationis, maio, anni MCCCVIII usque ad MCCCXXXVIIII* et conservé dans les archives de l'ancienne *Bailia* à Palma[1], trois documents relatifs à un accord intervenu entre le roi Sancho et les secrétaires de la communauté (*aljama*) des Juifs de Majorque : les Juifs pour payer leur amende avaient besoin d'argent, ils demandent au roi la permission de se charger momentanément de certains impôts. Je transcris ces pièces en accompagnant d'une traduction les deux dernières.

I. *Lettre du roi Sancho à ses procureurs royaux à Majorque.*

Sancius, Dei gracia rex Maioricarum, comes Rossilionis et Ceritanie et dominus Montispesullani, fidelibus procuratoribus suis, P. Figuera et Michaeli Rotlando, salutem et graciam. Mittimus vobis

---

[1] Le premier registre de cette collection n'existe plus aux archives de la *Bailia*. J'ai donné sur ces archives et sur tous les dépôts de documents historiques de Palma des renseignements nombreux dans un rapport adressé à M. le Ministre de l'Instruction publique qui sera prochainement publié dans les *Archives des missions*.

interclusa presentibus capitula super statuta Judeorum Maioricarum cum responsionibus factis ad ea, vobis presentibus et consencientibus, secundum quas responsiones, que in fine cuiuslibet capituli continentur, volumus fieri et procedi. Super aliis non ad negocium Judeorum pertinentibus extra dicta capitula volumus quod permittatis procedi per Judeos ipsos, prout consueverunt ante captionem eorum. Ceterum super sinagoga Judeorum volumus quod eligatur locus competens, ubi construatur arbitrio nostro et secretariorum, prout satis per nos et nostros consiliarios jam fuit tractatum. Datum in Sancto Felice Guixellense [1], VI° Kalendas octubris anno Domini M° CCC° XV°.

Ainsi le roi Sancho envoie à ses procureurs un projet de nouveaux statuts de la communauté juive de Majorque avec les réponses ou observations qu'il a jugé bon d'y faire. Pour tout ce qui n'a pas trait à « l'affaire des Juifs » et n'est pas mentionné dans les articles de ces statuts, le roi permet aux Juifs de procéder comme autrefois, avant la saisie de leurs biens. Quant à la synagogue, on la fera construire sur un emplacement choisi par les secrétaires de l'*aljama* et les représentants du roi.

Voici ces statuts avec les annotations du roi :

II. Aquests son los ordonamens e constitucions, les quals los secretaris del Cayl Juych volen fer e ordonar entre eils ab volentat e ab consentiment del senyor Rey.

1. Primalment, que tot jueu maior de .XV. anys ho juyha que tenga alberch per si, que sia tengut de pagar per testa cosa certa, segons que aura, a coneguda dels secretaris e dels .VIII. prohomens ordonats en aiuda dels negocis de la aljama, aqueils empero que auran valent de .X. libres ensus. — Plau al senyor Rey.

2. Item, que tot jueu ho juyha, estrany ho priuat, sia tengut de pagar cosa certa per libra de carn de molto, de bou, de oueyla e de totes altres carns escortxadisses,

II. Ce sont les règlements et constitutions que les secrétaires de la Juiverie veulent faire et établir entre eux, avec la permission et le consentement du Seigneur Roi.

1. Premièrement, tout Juif ou Juive de plus de quinze ans qui a un domicile payera, par tête, une certaine somme, selon ce qu'il ou elle aura, à la connaissance des secrétaires et des huit *prohomens* établis pour subvenir aux besoins de la communauté, mais ne seront tenus de payer que ceux qui possèdent plus de dix livres. — Le Roi consent.

2. Item, que tout Juif, homme ou femme, étranger ou du pays, soit tenu de payer une certaine somme par livre de viande de mouton, de bœuf et de brebis et de

[1] San Feliu de Guixols en Catalogne.

a coneguda dels damuntdits e aixi con eils ho aordonaran, en aytori dels negocis de la aljama. — Plau al senyor Rey, abque paguen en la aiuda comuna.

3. Item, que tot jueu ho juyha que menuch pan de forment ho de mescayl[1] sia tengut de pagar cosa certa per quintar, a coneguda dels damuntdits aixi con eils ho aordonaran. — Fiat ut super de carnibus.

4. Item, que tot jueu estrany ho priuat que vena vin juesch en Malorcha, que sia tengut de pagar cosa sabuda per quatrer ho per liura, aixi con mils ho pus profitos sera faedor, a coneguda dels damuntdits, en aiuda dels dits negocis; e que nengu crestia estrany ne priuat no puscha vender en lo Cayl ne deffora vin jueuesch senes volentat dels secretaris. — Plau al senyor Rey quels secretaris pusquen stablir certas personas de les quals los jueus pusquen comprar vin e no d'altres.

5. Item, que tot jueu ho juyha quis fassa vestedures noues que deia pagar per liura cosa certa d'aytant con li costaran, a coneguda dels damuntdits, en aiuda dels dits negocis. — Placet domino Regi.

6. Item, que tot jueu qui compra ni vena negunes mercaderies e altres coses en Mailorcha sia ten-

toutes autres viandes de boucherie, à la connaissance des susdits et comme ils le règleront, pour subvenir aux besoins de la communauté. — Le Roi consent, à la condition qu'ils payeront leur part dans l'aide commune.

3. Item, tout Juif ou Juive qui mange pain de froment ou de farine mêlée devra payer une certaine somme par quintal, à la connaissance des susdits et ainsi qu'ils le règleront. — Accordé comme plus haut pour les viandes.

4. Item, que tout Juif, étranger ou du pays, qui vend du vin juif à Majorque, soit tenu de payer une certaine somme par mesure[2] ou par livre, ainsi que cela pourra se faire le mieux et le plus utilement, à la connaissance des susdits, pour subvenir aux dits besoins; et aucun chrétien étranger ou du pays ne pourra vendre dans la Juiverie ni au dehors du vin juif sans l'autorisation des secrétaires. — Le Roi permet aux secrétaires d'établir certaines personnes qui seront seules autorisées à vendre du vin aux Juifs.

5. Item, tout Juif ou Juive qui se fait des vêtements neufs devra payer par livre une certaine somme selon ce que ces vêtements lui coûtèrent, à la connaissance des susdits, pour subvenir aux dits besoins. — Le Roi consent.

6. Item, que tout Juif qui achète ou vend des marchandises ou autres choses soit tenu de payer

---

[1] *Mescayll*, écrit aussi *mastayll*, se dit d'un mélange de froment et d'orge; voir Du Cange, au mot *mescalia*. On trouve aussi dans les documents la forme *mastall*, *mastay* ($y = ll$), par exemple dans Rullan, *Historia de Soller*, t. I, p. 350 et 352, note 3. C'est cette forme qui a été enregistrée dans le dictionnaire catalan de Labernia.

[2] Je traduis ainsi, ignorant la contenance du *quatrer* et ne lui trouvant, par conséquent, pas d'équivalent en français.

gut de pagar cosa certa per liura, a coneguda dels damuntdits, en aiuda dels dits negocis. — Fiat, exceptis judeis extraneis.

7. Item, que tot jueu ho juhia qui prest a uzura sien tenguts de pagar cosa certa per liura del prestech, a coneguda dels damuntdits, en aiuda dels dits negocis. — Placet domino Regi.

8. Item, que tot jueu estrany, manestral ho de qualque art que sia, pusque aia .I. mes continuament estat en Malorqua, deia pagar cosa certa per setmana, a coneguda dels damuntdits, en aiuda dels dits negocis. — Placet domino Regi.

9. Item, que tot jueu mercader qui aia estat en Malorcha .I. ayn complit deia pagar en los dits negocis cosa certa, a coneguda dels damuntdits. — Placet domino Regi, si enim factus fuerit civis Majoricarum.

10. Item, que tot jueu ho juhia qui tenga cases a loger, so es que les loch a altre, que deia pagar cosa certa per liura del loger, a coneguda dels dits negocis. — Placet domino Regi.

11. Item, quels damuntdits puxen fer e ordonar per eils mateixs totes les damuntdites coses e semblants d'aquelles, a profit e a utilitat de la aljama. — Vol lo senyor Rey que totes les coses damuntdites, ans ques publiquen, sien aordonades ab conceil e consentiment dels procuradors.

12. Item, que nul patro de nau ne de leyn ne de nengu altre vexel no gos rebugar de recbre en

une certaine somme par livre, à la connaissance des susdits, pour subvenir aux dits besoins. — Accordé, sauf pour les Juifs étrangers.

7. Item, que les Juifs ou Juives qui prêtent à usure soient tenus de payer une certaine somme par livre du capital prêté, à la connaissance des susdits, pour subvenir aux dits besoins. — Le Roi consent.

8. Item, que tout Juif étranger, ouvrier ou quel que soit son métier, un mois après avoir établi son domicile à Majorque, soit tenu de payer une certaine somme par semaine, à la connaissance des susdits, pour subvenir aux dits besoins. — Le Roi consent.

9. Item, que tout Juif marchand, après avoir résidé à Majorque une année entière, soit tenu de payer pour lesdites affaires une certaine somme, à la connaissance des susdits. — Le Roi consent, si ledit marchand est fait citoyen de Majorque.

10. Item, que tout Juif ou Juive qui a des maisons à louer, c'est-à-dire qui les loue à un autre, paye une certaine somme, par livre du prix du loyer, à la connaissance des susdits et pour subvenir aux dits besoins. — Le Roi consent.

11. Item, que les secrétaires puissent eux-mêmes faire et régler toutes les choses susdites et autres analogues pour le bien et l'utilité de la communauté. — Le Roi veut que les choses susdites, avant d'être publiées, soient réglées suivant l'avis et avec l'assentiment des procureurs.

12. Item, qu'aucun patron de bateau ou de navire ou de quelque vaisseau que ce soit, n'ose

son vaxel coses e mercaderies de jueus per portar fora la terra con per venir en Malorcha, ans tot patro con ve quest no sia [1] per lo jueu ho deia reebre e fer carregar en son vaxel, lo jueu empero pagarli son nolit. — Abrdonen ne los procuradors e fassen quels patrons deien pendre e carregar robes e mercaderies dels jueus.

refuser de recevoir en son vaisseau des choses et marchandises appartenant à des Juifs, pour les porter hors du pays comme pour les amener à Majorque, mais tout patron devra recevoir ce qui appartient aux Juifs et le faire charger en son vaisseau, le Juif de son côté doit lui en payer le nolis. — Que les procureurs obligent les patrons à recevoir et à charger les bagages et les marchandises des Juifs.

En se chargeant ainsi d'impôts extraordinaires et en sollicitant quelques facilités pour leur commerce, les Juifs comptaient pouvoir se libérer promptement de la somme due au roi pour le rachat de leurs biens confisqués ; mais ils entendaient ne pas rester perpétuellement soumis aux articles de ce traité qui les grevaient considérablement. Aussi adressèrent-ils au roi une pétition afin d'obtenir quelques faveurs spéciales, puis une grâce d'un caractère général, la restitution de tous leurs privilèges, et enfin le droit de déclarer nul et de nul effet le traité en question, aussitôt qu'ils auraient payé leur dette. Le texte de cette pétition est ainsi conçu :

III. Aquestes son les gracies quels jueus demanen al senyor Rey.

1. Primerament, que nengu jueu ho juhia no sia couengut ne oia sentencia ne prena justicia en dia feriat lur.

2. Item, si nengu jueu ho juhia sera jutgat a sentencia corporal, e algun prehicador ho frare menor ho preuera lo uol ffer tornar crestia, que los sacretaris que lauors seran, puxen, lo dia que pendra la justicia, dins en la preso a ell trametre .II. jueus, qui re no li endiguen, mas li sien dauant e lauors, sis vol fer crestia, fassau, cor christianisme per forsa no es

III. Ce sont les grâces que les Juifs demandent au Roi.

1. Premièrement, qu'aucun Juif ou Juive, ne soit cité, ni jugé, ni ne subisse une peine un jour de fête juive.

2. Item, si un Juif est condamné à subir une peine corporelle, et qu'un frère prêcheur, ou un frère mineur, ou un prêtre veut le convertir au christianisme, les secrétaires de la communauté qui seront alors en fonction pourront, le jour du supplice, lui envoyer deux Juifs dans la prison, qui ne lui diront rien, mais se tiendront devant lui, et alors si le

---

[1] Probablement qu'est ne sia.

bo. E si non vol fer, que puxa ffer orde de jueu, e los dits jueus puxen ab eil anar tro al loch hon pendra la justicia e nols sia vedat.

3. Item, que tot jueu que sia condempnat a peniar, que sia peniat per lo coll, no per tal quels n'entenen a auer semblant honor ab crestia, mas con un hom es peniat per los peus trigua a morir .II. ho .III. dies ; e con es peniat per lo col, es mort tantost. E axi solament domanen asso per la pena a aleugar.

4. Item, que si algun patro de nau ho de leyn ho d'altre vaxel aportaua algun jueu ho juhia que no aia de que pac lo nolit, quel patro nol atur en son vaxel, ans lo lex anar encontinent, e no li deia nel pusque despular de sos vestits.

5. Item, que si algun inqueridor fara inquisicio contra alcun jueu ho juhia per fet de la fe, que no puxa en re enantar contra eil ne enquerir sens la cort rreyal, ans tantost con lo aia fet pendre, lo jueu ho la juhia sia mes en la preso del senyor Rey, e aqui se fassa la inquisicio ; e tota hora quel enqueridor volra parlar ab eil ho ab eila que hi sia lo batle ho son lochtinent. E feta la inquisicio, sien dades defencions al jueu ho a la juhia e auocat quils defena a lur dret.

6. Item, que si alcun infant jueu ho juhia menor de .XV. anys se uol ffer crestia, que li sien

Juif veut se faire chrétien, qu'il le fasse, car christianisme par force n'est pas bon ; et s'il ne le veut pas, qu'il puisse faire profession de judaïsme, et lesdits Juifs pourront aller avec lui jusqu'au lieu où il subira sa peine, et que cela ne leur soit point interdit.

3. Item que le Juif condamné à être pendu, soit pendu par le cou, non pas parce que les Juifs prétendent au même honneur que les chrétiens, mais parce qu'un homme, qui est pendu par les pieds, tarde deux ou trois jours à mourir, et quand il est pendu par le cou, il meurt aussitôt. Et ainsi ils demandent cela seulement pour alléger la peine.

4. Item, s'il advient qu'un patron de bateau ou de navire ou de tout autre vaisseau transporte un Juif qui n'a pas de quoi payer le nolis, le patron ne devra pas le détenir dans son navire, mais le laisser aller aussitôt, et il ne devra ni ne pourra non plus le dépouiller de ses vêtements.

5. Item, si un inquisiteur fait inquisition contre un Juif pour affaire de la foi, qu'il ne puisse en rien procéder contre lui ni enquérir à son sujet, sans l'assentiment de la cour royale, mais aussitôt après qu'il l'aura fait prendre, le Juif sera mis dans la prison du roi ; et toutes les fois que l'inquisiteur voudra lui parler, le *baile* ou son lieutenant devra être présent. Et lorsque l'inquisition sera terminée, on donnera au Juif les moyens de se défendre, et un avocat pour réclamer son droit.

6. Item, si un Juif ou une Juive de moins de quinze ans veut embrasser le christianisme, qu'on

dats .III. dies d'acort, dins los quals tot hom, aixi crestia con jueu, puxa ab el ho ab ela parlar. E que nul hom, sots certa pena, no gos aytals persones bateiar tro los dits .III. dies sien passats. Encara que nul hom no gos bateiar ne fer bateiar jueu ni juhia menor de .X. anys, con non aien sen, e asso sots pena la qual el senyor Rey conega.

lui donne un délai de trois jours, pendant lequel tout homme, juif ou chrétien, pourra lui parler. Et que personne, au risque d'encourir une certaine peine, ne s'avise de baptiser de telles personnes avant que lesdits trois jours soient écoulés. En outre que personne, au risque d'encourir une certaine peine, qui sera fixée par le roi, ne s'avise de baptiser ni faire baptiser Juifs ni Juives de moins de dix ans, car à cet âge on n'a pas de raison.

7. Item, que aytant con los dits jueus sien en deute ab lo senyor Rey no sien tenguts de pagar questa ni siza ne molinatge ne neguna altre aiuda ne exactio rreyal ne veynal.

7. Item, que lesdits Juifs, tant qu'ils n'auront pas payé leur dette au roi, ne soient pas tenus de payer quête ni imposition, ni droit de mouture, ni aucune autre aide, ni exaction royale ou vicinale.

8. Item, que dins lo dit temps nul hom (neguna persona) no puxa auer ne recaptar gracia ni alongament de negunes deutes que deie(n) a jueus, con en altre guisa eils no porien pagar so que deuen al senyor Rey.

8. Item, que pendant ledit temps personne ne puisse être tenu quitte de dettes contractées envers des Juifs, ni obtenir des atermoiements, car, autrement, ils ne pourraient payer ce qu'ils doivent au roi.

9. Item, que totes les mercaderies qui sien de jueus fora la terra e dins lo dit temps vendran a Malorcha, que no sien embargades ne emparades per lo senyor Rey ne sos ofecials per lo deute del senyor Rey, ans deien venir en poder dels sacretaris, per tal que los jueus de qui son pus volenterosament les aporten en esta terra.

9. Item, que les marchandises qui au dehors de l'île appartiennent à des Juifs et qui pendant ledit temps seront envoyées à Majorque, ne soient point saisies ni retenues par le roi ou ses agents à cause de la dette, mais qu'elles soient remises aux mains des secrétaires, afin que les Juifs à qui elles appartiennent soient encouragés à les envoyer en ce pays.

10. Item, que tots los secretaris que seran dins lo dit temps aien plen poder e licencia de pendre e fer pendre tots seils qui seran desobediens e rebels a eils e no volran pagar so en que seran tenguts e; aqueils absolre e fer absolre sens licencia de batle ne de altre hom e destrenyer los en bens e

10. Item, que tous les secrétaires qui seront en fonction pendant ledit temps, aient plein pouvoir et plein droit de prendre et de faire prendre tous ceux qui leur seront désobéissants et rebelles et ne voudront pas payer ce à quoi ils sont tenus, de les absoudre ou faire absoudre sans per-

en persona e penyorar e uendre penyores e totes altres coses fer perque eils puixen cumplir les pagues al senyor Rey.

11. Item, que tot jueu puixa comprar bens aventats.

12. Item, que nengu jueu ne juyha no puscha vendre son alberch dins lo cail a crestia o crestiana mas que puscha carregar sobre son alberch morabetins, a coneguda dels secretaris.

13. Item, quels jurats de Malorcha nels prohomens de la terra no pusquen fer nengu ordonament sobre ne contra jueus en especial, si doncs eu general no era per tota la terra, encara que sien enteses e usen de totes franquesas e priuilegis de la terra aixi con habitadors de Malorcha.

14. Item, con los jueus de Malorcha sien despulats de tots lurs privilegis, franqueses, les quals en special lurs eren dades e atorgades, sens les quals los jueus de Malorcha en la terra profitosament nels jueus estranys habitar en la dita terra no vendrien menys de priuilegis, con per los priuilegis los quals hauien los jueus estrangers de diverses terras en Malorches habitar venguessen : per so vmilment els dits jueus habitadors de Mailorcha a la Reyal Magestat sopleguen que de bontat sua acustumada los reta lurs priviligis ab los quals pusquen habitar en la terra e tirar los estrangers, axi con d'abans feyen.

15. Item, con els dits jueus no

mission du *baile* ni d'aucun autre homme, de les contraindre à payer en se saisissant de leurs biens ou de leurs personnes, de leur prendre des gages, de vendre ces gages et de faire toutes autres choses, moyennant quoi ils puissent effectuer leurs payements au roi.

11. Item, que tout Juif puisse acheter des biens mis en vente.

12. Item, qu'aucun Juif ni Juive ne puisse vendre sa maison de la juiverie à chrétien ou à chrétienne, mais qu'il ou elle puisse l'hypothéquer, à la connaissance des secrétaires.

13. Item, que les *jurats* de Majorque ni les *prohomens* du pays ne puissent faire sur ou contre les Juifs aucune ordonnance spéciale qui ne s'applique en même temps à tout le pays en général, auquel cas ils doivent être entendus et admis à user de toutes les franchises et privilèges du pays comme habitants de Majorque.

14. Item, comme les Juifs de Majorque ont été dépouillés de toutes les franchises et privilèges qui leur avaient été spécialement donnés et accordés, sans lesquels les Juifs de Majorque ne peuvent habiter avec profit le pays ni les Juifs étrangers venir s'y établir, comme, en vertu de ces privilèges, ils y venaient autrefois de divers pays, lesdits Juifs habitants de Majorque supplient humblement la Majesté Royale qu'avec sa bonté accoutumée elle leur rende leurs privilèges, grâce auxquels ils puissent habiter dans le pays et y attirer les étrangers, comme ils faisaient auparavant.

15. Item, comme lesdits Juifs

agen sinagoga e als dissaptes e als altres dies de lur oracio agen a anar per alberchs e fer partides dels matexs, es los gran trebayl : per so sopleguen humilment que placia al senyor Rey quels assigure els don loch dins lo cayl en lo qual pusquen ffer lur sinagoga, con tan gran cayl senes sinagoga estar no puscha.

n'ont pas de synagogue et que les samedis et autres jours de fête ils sont tenus d'aller dans les maisons particulières et de se séparer les uns des autres, ce qui est pour eux un grand ennui, ils supplient humblement le Roi qu'il lui plaise de leur assurer et donner un lieu dans la juiverie, où ils puissent faire leur synagogue, car une si grande juiverie ne peut subsister sans synagogue.

16. Item, que tot jueu estranger qui uenga en Malorcha ab mercaderies de les quals aia pagat dret en Malorque, que parten de Malorcha, si pren en Manorcha, que no sia tengut de pagar leuda ne altre dret.

16. Item, tout Juif étranger qui viendra à Majorque avec des marchandises, et qui, après en avoir payé le droit, les fera sortir de Majorque et les transportera à Minorque, ne devra pas être tenu de payer le droit de douane ni aucun autre droit.

17. Item, que con els dits jueus agen demanats los damuntdits capitols de seruitut entre ells, los quals, con sien esmeses de diners e de bens, no porien complir la paga del senyor Rey, entenen los dits jueus que los dits capitols de seruitut sien obseruats entre eils entro quel dit senyor Rey aia ahuda conplida paga e fenit lo terme, e conplida la paga del dit senyor Rey, quels dits capitols de la dita seruitut sien casses e vans e que d'aquels no vssen ne pusquen vsar d'aqui auant.

17. Item, parce que lesdits Juifs ont demandé à établir entre eux lesdits chapitres de servitude, sans lesquels ils ne pourraient pas, puisqu'ils sont sans argent et sans biens, satisfaire à leurs engagements envers le Roi, lesdits Juifs entendent que lesdits articles de servitude soient observés entre eux jusqu'à ce que ledit Seigneur Roi ait reçu tout ce qui lui est dû, et après avoir atteint le dernier terme du payement et avoir versé la somme entière, ils entendent que lesdits articles de ladite servitude soient cassés et annulés et qu'on n'en use ni ne puisse en user à l'avenir.

On ne sait pas exactement combien de temps mirent les Juifs de Majorque à s'acquitter des 95,000 livres dues au roi Sancho pour leur rachat, en tout cas ils étaient entièrement libérés au mois de mars de l'année 1327. C'est vers cette époque qu'ils envoyèrent à Philippe de Majorque, tuteur du roi Jacme III, qui résidait alors à Perpignan, quatre notables de leur communauté, Abraham Malequi, Isaac ben Aron, Ayon Choen et Joseph Barqui, pour le supplier de replacer la communauté juive dans le droit commun, puisqu'elle avait payé le montant de l'amende, et de n'exiger d'elle à l'avenir que le tribut annuel de cent soixante-cinq livres qu'elle était tenue de payer avant la condamnation générale du roi Sancho. Philippe, comme on le voit par la lettre suivante qu'il fit adresser par son trésorier, de Perpignan, le 8 mars 1327, aux procureurs royaux de Majorque, acquiesça à ce vœu et déclara que, voulant suivre l'exemple de ses prédécesseurs, il prenait sous sa garde et protection les Juifs de Majorque et leurs biens.

Als honratz, sauis e discretz senyors en Michel Rotlan e en P. Roig, procuradors en lo regne de Maylorches per nostre senyor lo Rey, de nos en Nicholau de Sent Just, maior, e en P. Berro, thesaureres del dit senyor Rey, salutz ab tota honor. Fem vos saber quels messoges de l'aljama de Maylorches, ço es Nabraffim Malequi, Nissach ben Aron, Nayon Choen, En Juceff Barqui, suplicaren a Mossenyer en Felip e al consseyll que pus la dita aljema auia pagades noranta sinch mill libres en les quals fo condanpnada a pagar al senyor Rey en Sanxo de bona memoria, que deges restituir e tenir la dita aljema, quant a pagar lo trahut que deuen, en aquela forma e manera que auien acostumat de donar ans de la dita condenpnacio. Perqueus fem saber que deliberates estat per lo dit senyor mossenyer En Philip e per son conseyll que la dita aliama no deja pagar al senyor Rey altre trahut sino aquell que per eylla era acostumat de paguar ans de la dita condenpnacio, ço es cent saxanta sinch lb., segons que auem trobat per los libres de la thesauraria. E axi daym vos eus manam de part del dit senyor mossenyer en Philip que la dita aljama no sia per uos altres costreta en altra manera de pagar lo dit trahut sino axi con dit es Vol encara e mana lo dit senyor mossenyer en Philip e axi vos ho diem de part sua que la dita aljama e tots lurs bens sien en guarda e protectio del dit senyor Rey axi con cosa sua propria e axi con tots temps han estat per sos predessessors. E registrada la present letra en lo libre de la nostra thesauraria, sia per vos altres rrestituida als ditz messatges. Dada en Perpenyan, dimarts a VIII dies del mes de mars en l'ayn MCCCXXVII[1].

Deux autres lettres de la même date qui suivent immédiatement dans le registre II de la Procuration Royale ont trait encore à des affaires juives, conséquences toujours de la condamnation générale et des droits réservés par le roi Sancho sur l'édifice et l'emplacement de la chapelle de Santa Fé. La première est une ré-

---

[1] Archives de la *Bailia*. Registre II de la *Procuracio Real*, fol. 55 v°. La lettre porte cette note d'enregistrement : « Fuit presentata presens litera die lune XXVIII marcii anno Domini MCCCXXVIII, pro aljama Judeorum de Maiorica ».

ponse des trésoriers de Philippe de Majorque à une supplique des quatre délégués que nous avons vu figurer dans la lettre précédente Ces personnages sollicitaient la permission de transporter une fabrique monétaire « dans la cour (*pati*) ou dans le lieu où se trouvait jadis la chapelle de Santa Fé ». Le tuteur du roi fait repondre que, si la communauté juive s'engage à payer les mêmes droits de cens et d'entrée qu'elle paye pour l'emplacement actuel de ladite fabrique, et si le lieu où se trouvait la chapelle reste clos de toutes parts, de telle sorte que personne ne puisse s'en servir, il consent à céder aux Juifs la cour et les maisons avoisinantes au prix qui sera fixé d'après l'estimation qui en a été faite du temps du roi Sancho, à condition que la communauté paiera pour l'amortissement de ladite cour une certaine somme de neuf en neuf ans. En même temps Philippe donne ordre à ses procureurs de faire à la communauté juive de Majorque « une charte publique de dette à un an » pour une somme de 5,000 livres qu'elle avait prêtée au roi.

Remenbransa sia als honrats e discrets en Michel Rotlan e én P. Roig, procuradors en Maylorches per nostre senyor lo Rey, queus fem nos en Nicholau de Sent Just, maior, e en P. Berro, thesaureres del dit senyor Rey. Fem vos saber que entre nos e Nabrafim Malequi, Nissach ben Aaron, Nayon Choen, En Juceff Barqui, missatges assi tramesos per l'aljama de Maylorches, son estats diverses tractamens sobrel fet de la monedaria que entenien a ffer mudar en lo pati o en lo loch on esser solia la capella de Sancta Fe. E finalment lo Consseyl ha finat en aquesta manera : que si la dita aljama uol donar al senyor Rey ay[t]ant de sens e d'intrada con hom trobara del loch on ara es la monedaria, quel dit loch on solia esser la dita capella romanga clos de totes partz enaxi que no sia a seruehy ni a us ni a empriu de neguna persona d'aqui enant, e que la dita aljama per amortizatio del dit pati pach alguna cosa per manera de foriscapi de VIIII en VIIII ayns en aquela forma ques parra faedor, perque si la dita aljama uol consentir a aço procehits ab ells sots la forma d'amont dita. En altre manera, si fer no ho uol, fets nos ho assaber e nos tremetrem uos en a dir la uolentat de mossenyer En Phelip e del Consseyll. Empero si la dita aljama uol consentir al dit tractament, en aquest cas consentissets que tots los alberchs que son denant lo loch on esser solia la dita capella sien liurats a la dita aljama, per aquela estimacio quel senyor Rey los ach, enaxi que d'aqui enant los habitadors dels dits alberchs exida alcuna no agen en lo dit carrer. E con los dits missatges diguen quels alberchs qui son en la partida denant lo loch on solia esser la dita capela no poden esser a nengu seruehi del cayll en la forma d'amont dita sens gran danpnage, veyats vos altres si es axi con eyls dien. E d'assó e de tot l'alls trametets nos en a dir uostre vigayres ans que res procecescats al dit negoci. Deim vos encara de part de mossenyer En Phelip que de les cinch milles libres que la dita aljama ha prestades al senyor Rey lus fassatz carta pùblica de deute a .I. any. Dada en Perpenyan, dimartes del mes de marts del ayn MCCCXXVII.

La seconde lettre concerne le seul Abrahim Malequi, qui sut obtenir l'autorisation de racheter une maison voisine de l'ancienne chapelle de Santa Fé qui lui avait appartenu avant la confiscation; mais les trésoriers du roi ont la précaution d'informer les procureurs de Majorque que la valeur de ladite maison étant jugée supérieure par le conseil à celle de l'ancienne estimation, ils devront eux-mêmes fixer le prix du rachat.

 Pro Abrahim Malequi, judeo.

Als honrats, sauis e discrets senyors En Michel Rotlan e En P. Roig, procuradors del senyor Rey en Maylorches, de mi En Nicholau de Sen Just, thesaurer major del senyor Rey, saluts ab tota honor. No contrastant, senyors, ço que es contengut en vna letra queus trametem per los messages de l'aljama de Maylorches dels alberchs que son prop lo loch, on solia esser la capella de Sancta Fe, es aordonat que an Abrahim Malequi sia retut lo seu alberch per aquel preu que fo estimat e mes en paga al senyor Rey. Empero con sia estat dit per alcuns al Conseyll quel dit alberch val mes de la dita estimacio, asso sia a arbitracio uostra, e si trobaretz que mes vayla, lo dit Abrahim pach lo mes valent. Datum en Perpenyan, dimartes a VIII de marts MCCCXXVII.

Il ne me reste plus qu'à faire connaître deux autres documents de la même collection qui nous renseignent sur la condition du Juif étranger qu'un motif quelconque amenait à élire domicile à Majorque. Dans la première pièce, du 20 mars 1334, se trouve reproduite la supplique d'un certain Joseph Faquin, Juif de Barcelone, qui, après avoir « couru le monde » était venu se fixer à Majorque, où il avait pris femme. Or, un an et demi environ après son établissement dans l'île, les secrétaires de l'*aljama* voulurent lui faire payer sa part d'une imposition de dix-huit mille livres dont la communauté avait été frappée huit ans auparavant. Faquin proteste énergiquement contre cet excès de pouvoir « contraire à toute justice et raison » et obtient de Jacme III, dernier roi de Majorque, une lettre pour les procureurs royaux qui seront chargés d'examiner son affaire.

Jacobus Dei gratia rex Maioricarum, comes Rossilionis et Ceritanie ac dominus Montispesullani, fidelibus procuratoribus nostris in Maiorica Bn. Jahe et Bn. de Valleviridi, salutem et gratiam. Suplicationem nobis oblatam pro parte Jucceffi Faquin oriundi de Barchinona uobis mittimus presentibus interclusam, mandantes uobis quatenus prouideatis dicto Iuceff super petitis a nobis suplicando, vocatis qui fuerunt euocandi, prout de jure vel consuetudine videritis prouidendum. Datum in castro de Turri propre Eluam[1], tercio decimo Kalendas aprilis anno Domini M° CCC° XXX° quarto. Tenor suplicationis talis est :

Denant vos molt alt e poderos senyor en Jacme per la gracia de Deu Rey de Maylorches, etc. Diu e mostra En Juceff Faquin, jueu natural de Barcelona, que eyl es anat per lo mont nauegant e vsant e per diuerses parts, e ara tro a vn ayn e mig prop passats, poch mes ho menys, a pressa muler en la ciutat de Maylorcha e los secretaris dels jueus de Maylorcha an taxat lo damunt dit Juceff Fequin que deja metre e contribuir certa quantitat de moneda en aqueles XVIII milia libres que per la dita aljama son degutz, passat ha VIII ayns e mes ; lo qual, senyor, es a uos cert (on senyor) con sia contra tota justicia e contra tota raho quel dit Juceff Faquin deja res metre o contribuir en los deutes, les quals per la dita aljema son deguts, ans[2] quel dit Juceff, humil seruidor jueu vostre, ab aquela humilitat que pot [prech] que lo dit tort no li sia fet. Enaxi, senyor, que sia merce vostra que lo honrat conseyll vostre deja asso determenar et conoxer, enaxi que lo dit Juceff no aja a uenir a conoxensa de altre jutge ho conoxedor de Maylorcha o d'altre loch. Placia a Deu, senyor, que[u]s deu (?) longa vida ab honor e salut[3].

L'autre pièce est un sauf-conduit (*guiatge*) délivré le 21 février 1448, par le lieutenant du procureur royal de Majorque à Mardufex Racaudel, Juif de Tenès, pour se rendre à Majorque et y résider. Ce Juif n'était pas à proprement parler un étranger ; il avait autrefois (*en temps pessat*) habité Majorque et demandait à pouvoir y élire de nouveau domicile. On voit par les considérants de ce sauf-conduit que les rois d'Aragon, depuis Joan 1er, furent amenés, par intérêt, à permettre le retour dans leurs états des Juifs que l'intolérance de la masse avait obligés de s'expatrier et de s'établir sur la côte d'Afrique[4].

---

[1] Probablement la *Tour-Bas-Blue*.
[2] Il y a ici une lacune dans le texte. Le mot *ans* indique que Jucef faisait valoir que l'amende avait été imposée à la communauté *avant* son établissement dans l'île.
[3] Archives de la *Bailia* de Majorque. Registre II de la Procuration Royale, fol. 105.
[4] Il est intéressant de savoir qu'au xive siècle (peut-être aussi plus tôt et plus tard), les rois de Majorque toléraient le séjour dans l'île de maures libres (*Sarrahins franchs*) moyennant une certaine redevance. Les registres de comptabilité de la Procuration Royale (*libres de dades e rebudes*) mentionnent très souvent des sommes perçues pour l'*estada* (séjour) ou l'*exida* (sortie) de *Sarrahins*.

Guiatge d'En Mardufex Racandell, judeu del loch de Tenes[1].

Als molt honorables tots e sengles batles, generals procuradors Reyals e altres qualseuol officials Reyals dins les terres del molt alt senyor Rey constituits, e a tots altres patrons de qualseuol fustes dels subdits del dit senyor Rey, als quals les presents preuendran o presentades los seran o als lochtinents de aquells, de part d'En Anthoni Salt, lochtinent del honorable mossenyor Johan Alberti, caualler, conceller e maiordom del dit molt alt senyor Rey, e Regidor o administrador del offici de la procuracio Reyal de Mallorcha salutz e honor. Com En Marduffex Racandell, judeu del loch de Tenes, en temps pessat habitant en Mallorcha vulle e entena habitar e son domilici en la dita ciutat de Mallorcha mudar, on, com segons lo guiatge e seguretat fet e atorgat per lo molt alt senyor Rey En Johan de eccordable memoria, confirmat apres per lo senyor Rey En Marti gloriosament rregnant a tots e sengles e uniuerses juheus, mascles e fembres, axi naturals dels dits senyors com habitedors dels rregnes e terres dels serrahins, e aquells encare qui ans e apres o en temps de les destruccions de les juheries e jeus de la senyoria dels dits senyors a les dites terres de serrahins se son trasportats os tresporteran, contra voluntat e ordinecio dels dits senyors, e altres encare qualseuoll juheus de qualseuol condicio o estament, seran de altres rregnes e terres de crastians e serrahins, a qualseuol ciutats, parts[2] e lochs de nostra senyoria vinents per causa de habitar, mercadeiar o negocis altres fer, de tots e sengles excessos, crims, delictes en qualseuol manera greus e forts no exceptant ne algu, encare que fos dels costumats per los dits senyors exceptar: en apres guien los dits senyors e asseguren los dits senyors los dits juheus en mar e en terra ab tots lurs mercaderies e a ells comenades joyes, moneda, aur, argent e altres qualseuol bens, per mar e per terra entrant en los dits nostres rregnes, mercedeiant e estant e d'aquen saluament e segura en les dites terres de sarrehins e en qualseuol parts retornants ab totes les dites mercaderies sens algun empetxament, preso, violencia, detensio, arrest que a ells ne a lurs bens en naguna manera sia ffet per qualseuoll persones, segons que aquestas coses o altres en lo dit guiatge e seguretat molt pus largament son contengudes. E lo qual guiatge e seguretat lo molt victorios senyor Rey Nalfonso, ara beneuenturadament rregnant, actenent lo profit e utilitat que per raho de les dites mercaderies reporten lo seu patrimoni e regalia, per reho dels dits drets que paguen los juheus de les dites mercaderies, ha confirmats ensemps ab tots altres guiatges per los Reys pessats als dits juheus atorgats ab carte del dit senyor dade en lo monestir de Sent Cugat dez Valers, a XV de noembre

---

[1] *Litterarum regii procuratoris anni MCCCCXXXIIII usque ad MCCCCLVI*, fol. 153 v°.
[2] Peut-être *ports*.

any MCCCCXVIIII. Emperamordaço, de part del senyor Rey, requir en subsidi de justicia a cascun de vosaltres e de la mia affectuosament prech que al dit Mardufax Racandell seruets e façats seruar lo dit guiatge e seguretat segons seria e tenor de aquelles. En testimoni de les quals coses he feta fer la present signade de ma man e ab lo segell del dit meu offici en lo dors segellade. Datum en Mallorcha, a XXI de ffebrer any MCCCCXXXXVIII. Anthoni Salt, lochtinent.

FIN.

www.ingramcontent.com/pod-product-compliance
Lightning Source LLC
Chambersburg PA
CBHW060709050426
42451CB00010B/1347